D1993286

Durchs Jahr mit Anna und Mister Gott

Ein immerwährender Kalender

Scherz Verlag

Hallo, Anna-Freunde!

Ich bin sicher, es geht euch genauso: Man kann Anna einfach nicht vergessen. Selbst wenn man ganz was anderes im Kopf hat. Durch die Hintertür unserer Gedanken schleicht sie sich herein, ohne anzuklopfen. Und das Tolle ist, man fühlt sich nicht gestört, sondern vielmehr gleich etwas besser. Wenn sie dann so zu einem spricht wie früher, möchte man sie gar nicht wieder fortlassen. Jedenfalls mir geht es so. Und um den grauen Alltag lang immer was von Anna im Sinn zu haben, bin ich auf eine gute Idee gekommen. (Natürlich hat der Fratz mit seinem Schuhkarton voller «Notizien» mich darauf gebracht!)
Ich hab mir für jeden Tag einen originalen Anna-Spruch ausgesucht; den lese ich am Morgen noch vorm Aufstehen, und der stärkt mich rund um die Uhr wie eine Vitamin-Brausetablette für die Seele.

Neulich morgens aber hat mir Anna ziemlich laut ins Ohr geflüstert: «Wieso gibst du den andern denn nichts von deiner Medizin ab? Was gut ist, darf man nicht für sich allein behalten. Wenn man es mit allen teilt, wirkt es nämlich doppelt gut.»
Also hab ich dieses kleine Buch zusammengebastelt. Wär schön, wenn Annas wichtigste Erkenntnisse über Mister Gott und die Welt auch euch sicher durch den Tag – und selbstverständlich auch durch die Nacht – geleiten würden.

Euer Fynn

PS: Und wenn es jemanden geben sollte, der noch nicht weiß, wer Anna ist, so kann ihm ganz schnell geholfen werden: Die Bücher «Hallo, Mister Gott, hier spricht Anna» und »Anna schreibt an Mister Gott» erzählen die wunderbare Geschichte meiner kleinen Freundin.

Januar

*Glück, das is so was wie
eine Schneeflocke fangen.
Wenn man sie hat,
dann hält sie nicht lange.
Und wums, ist das Glück weg
wie der Schnee
in der warmen Hand.
Das Glück ist dann weg,
und die Hand ist ganz kalt.*

Januar

1

2

3

4

5

6

7

8

9

Schön wär,
wenn man
nur für die
zum Sehen wär,
die man
liebhat.
Dann wüßt
der andre
gleich Bescheid.

Januar

10

11

12

13

14

15

16

17

18

19

20

21 *Januar*

22

23

24

25

26

27

28

29

30

31

Alle Menschen
haben zwei verschiedene Arten
von Fenstern:
die Augenfenster,
davon haben sie zwei,
und das Herzfenster,
davon hat jeder nur eins.
Die Augenfenster sind da,
um rauszugucken,
und das Herzfenster ist da,
um nach innen reinzugucken.
Nach draußen,
durch die Augenfenster,
siehste meistens klarer,
findet Fynn.

Aber ich glaub,
ich seh mit dem Herzen besser.

Februar

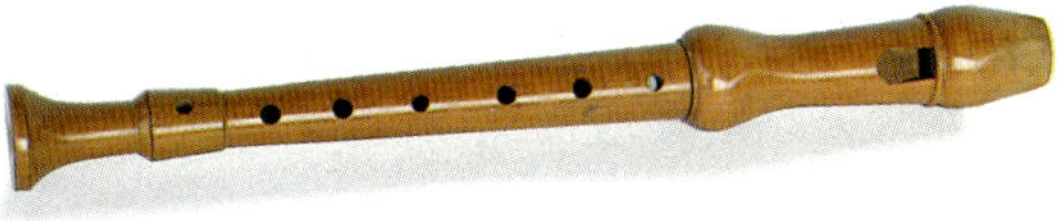

Vielleicht wär es schön,
wenn alles nur einmal wär,
nur ein einziges Mal.
Zum Beispiel frieren müssen.
Nur einmal,
damit man merkt, wie das ist.
Und wenn man's weiß,
dann isses genug.

Februar

1

2

3

4

5

6

7

8

9

Wenn du
ein Kind bist,
dann
verstehst du
alles.

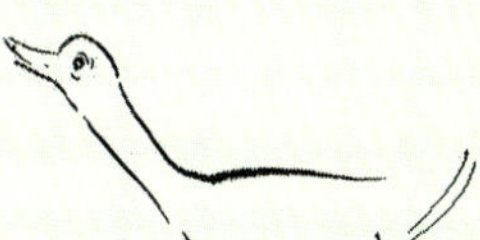

10 Februar

11

12

13

14

15

16

17

18

19

20

21 Februar

22

23

24

25

26

27

28

Auch der einfachste Mensch
ist ein sehr kompliziertes Wesen,
und der liebste Mensch
erscheint einem manchmal
als der allerkomplizierteste.
Auch wenn man
den anderen sehr liebt,
kann man ihn nicht immer
erkennen,
sagte Fynn zu Anna.

«Warten wir mit dem Erkennen
also noch ein bißchen,
bis wir uns inwendig
ganz auswendig kennen»,
schlug Anna vor.

März

Bitte, Mister Gott,
laß mich nicht
so dumm bleiben
wie alle anderen
und wie ich jetzt bin.
Ich möchte so gern alles lernen.
Bitte sag mir doch,
wie man richtig fragt.

März

1

2

3

4

5

6

7

8

9

Alle Leute
haben
verschiedene
Standpunkte,
aber Mister Gott
nicht.
Mister Gott
steht auf allen
Punkten.

10 März

11

12

13

14

15

16

17

18

19

20

21 März

22

23

24

25

26

27

28

29

30

31

Wie ich
aus dem Fenster geguckt hab,
da war der Himmel
wie Grießbrei,
aber nicht wie heißer,
sondern ganz kalter.
Und da hab ich die Vögel
im Apfelbaum singen gehört.

Wenn ich ein Vogel wär,
also ich würd ja
bei so 'nem Wetter nich singen.
Ich wär so lange eingeschnappt,
bis wieder ein
Sonnenstrahl
angeglitzert käm.

April

Das Wetter,
das man sich selber
macht, das ist viel,
viel wichtiger wie das
von draußen.
Und dann
braucht man für sein Herz
kein Regenschirm...

April

1

2

3

4

5

6

7

8

9

Die Zeit
is dazu da,
daß nicht alles
auf einmal passiert,
sondern
schön
der Reihe nach.

10 April

11

12

13

14

15

16

17

18

19

20

21 April

22

23

24

25

26

27

28

29

30

*Das mit dem Verraten
versteh ich nich.
Wenn Fynn mir verrät,
daß es Vanillepudding gibt,
dann freu ich mich.
Wenn er aber mich verrät,
daß ich die Zähne nicht geputzt hab,
dann bin ich ihm böse.*

*Bloß wegen so'n kleinen Unterschied
von mir und mich!*

*Vielleicht hat der Judas
das auch nicht kapiert.
Vielleicht wollte er gar nix Böses
und hat nur die zwei Wörter
verwechselt?*

Mai

Ich weiß,
daß ich Mister Gott liebhab
und Leute und Katzen
und Hunde und Spinnen
und Blumen und Bäume...
und überhaupt alles;
ich ganz allein
und mit meiner ganzen Figur.

Mai

1

2

3

4

5

6

7

8

9

Mister Gott
muß sich manchmal
ganz klein machen,
sonst weiß er
doch überhaupt nicht,
wie ein Marienkäfer lebt –

oder?

10 *Mai*

11

12

13

14

15

16

17

18

19

20

Mai

21

22

23

24

25

26

27

28

29

30

31

Die Nancy
aus meiner Klasse hat gesagt,
daß Du
schon lange gestorben bist,
Mister Gott.
Sonst würde nicht alles
so drunter und drüber gehn
in der Welt.

Aber Fynn hat gesagt,
wenn Mister Gott
wirklich gestorben ist,
dann ist er doch auf alle Fälle
in den Himmel gekommen,
so fromm,
wie der immer war.
Und wenn er im Himmel ist,
dann ist doch alles okay –
nicht wahr?

Juni

Ich würd meine Seele
ja gern mal sehn,
aber das geht nicht,
sagt Fynn.
so tief kann keiner
in sich reingucken,
außer Mister Gott.

1

2

3

4

5

6

7

8

9

Das Blöde
an der Uhr
is die Zeit.

10 Juni

11

12

13

14

15

16

17

18

19

20

21 Juni

22

23

24

25

26

27

28

29

30

Die Sache mit Mister Gott
war kein Problem für Anna.
Das hatte sie längst gelöst.
Häßlichkeit war dazu geschaffen,
daß man sie
in Schönheit verwandelte;
traurige Leute
gehörten glücklich gemacht,
und bei alledem
hatte man Mister Gott
als verläßlichen Partner.
Seine Aufgabe war es,
überall mitzumachen.

Juli

In der Bibel,
da stehn mehr Fragen drin
als Antworten.
Aber so viele schöne Blumenwörter.
Und über die Stellen,
wo grad keine sind,
muß man eben wegsteigen
wie auf der Wiese,
wo ein Kuhfladen liegt.

Juli

1

2

3

4

5

6

7

8

9

Es macht überhaupt nichts,
was einer is,
wenn er Mister Gott
von innen versteht.

Juli

10

11

12

13

14

15

16

17

18

19

20

21 Juli

22

23

24

25

26

27

28

29

30

31

Anna sah Mister Gott
in allem
und jedem –
in einer Blume,
einem Stern,
einem Baum –
aber auch in einer
U-Bahn-Fahrkarte,
in einer Rechenaufgabe
und sogar im Schmutz
unter ihren Fingernägeln
war er «drin».

Wie konnte man
da noch verlangen,
daß sie sich die Hände
bürstete!

August

Wenn man in ein Haus ist,
wo die Scheiben
ganz schmutzig sind,
und guckt raus, dann meint man,
die ganze Welt draußen
ist so schmutzig.
Aber es sind immer nur
die Fenster,
wo schmutzig
sind.

August

1

2

3

4

5

6

7

8

9

Wenn's richtig ist,
dann isses
doch egal,
ob ich jung bin
oder alt.

August

10

11

12

13

14

15

16

17

18

19

20

August

21

22

23

24

25

26

27

28

29

30

31

*Der Pfarrer predigte,
daß wir Gott
von Angesicht zu Angesicht sehen.*

*«Und was macht er,
wenn sich rausstellt,
Mister Gott
hat überhaupt kein Gesicht?
Nicht mal Augen?»
fragte Anna.*

*«Mister Gott hat
bestimmt kein Gesicht.
Aber trotzdem sieht er uns alle
und muß sich dafür
nicht mal rumdrehen
oder schielen oder so was.»*

September

Mister Gott,
der is nich so hoch oben
wie ein König,
wo Polizisten vor seiner Tür stehn.
Der is immer da
und läßt mit sich reden,
wenn man
ihn sprechen möchte.

September

1

2

3

4

5

6

7

8

9

Am Tag ist alles so laut,
daß du überhaupt nix hörst...
aber nachts
da hört man die Blätter singen.

10 September

11

12

13

14

15

16

17

18

19

20

21 *September*

22

23

24

25

26

27

28

29

30

Ich möcht gern mal wissen,
wenn Mister Gott
doch alles tun kann,
was er will,
warum tut er dann manchmal nix?
Ich glaub, es ist so:
Mister Gott tut doch was,
aber nicht außen,
sondern innen.
Mister Gott is ja in der Seele drin,
und der ganze Körper,
der interessiert ihn gar nich so sehr.
Der ist sowieso
nur ein Klotz am Bein der Seele,
sagt Fynn.

Oktober

Viele, die tot sind,
sind gar nicht wirklich tot.
Sie warten auf'n Friedhof nur,
bis sie zu Dir
in Himmel reinkommen,
Mister Gott.
Sie machen so was wie Mittagsschlaf
zwischen dem Leben
und der Ewigkeit.

Oktober

1

2

3

4

5

6

7

8

9

Weißt du,
Fynn,
wo die vierte
Dimension ist?

Die ist direkt
in mir drin.

Oktober

10

11

12

13

14

15

16

17

18

19

20

21 Oktober

22

23

24

25

26

27

28

29

30

31

Wie der kleine Mister Gott
groß geworden ist und älter,
da ist er gewachsen
und gewachsen.
Und er war dann so riesig,
daß die Menschen
ihn gar nicht mehr gesehn haben,
weil er doch alles ausgefüllt hat
und überall war
mit sein Großsein.
So wie man die Luft
auch nicht sieht,
die man atmen muß,
um nicht tot zu sein.
Weil sie überall ist
und kein Platz wegnimmt.

November

Am liebsten
geh ich mit Fynn auf den Friedhof.
Fynn sagt,
das ist Dein Obstgarten.
Weil Du herkommst
und die Seelen
vom Boden aufliest wie Äpfel,
wenn sie reif sind
und runterfallen.

November

1

2

3

4

5

6

7

8

9

Tot sein
ist Ausruhen.
Da kannste
zurückschauen
und alles
in Ordnung bringen,
bevor du
weitergehst.

10 *November*

11

12

13

14

15

16

17

18

19

20

21 *November*

22

23

24

25

26

27

28

29

30

Was ich mal werden möcht,
ist Engel.
Aber ich glaub,
daß nur Du richtig weißt,
wie man Engel wird,
Mister Gott.
In der Bibel steht,
daß Du Engel selber machst.
Da dacht ich, weil Du doch
auch mich gemacht hast
vor ein paar Jahren,
kannst Du mich
auch zum Engel machen?
Später mal?
Aber nich zu spät.
Nich, wenn ich schon zu alt bin,
für noch fliegen zu lernen
oder um noch andauernd
Gutes zu tun.

Dezember

Der Unnerschied
von einen Menschen
und einen Engel ist leicht.
Das meiste von einen Engel
ist innen,
und das meiste
von ein Mensch
ist außen.

Dezember

1

2

3

4

5

6

7

8

9

Religion
is doch dafür da,
was zu tun,
und nicht,
um drüber zu lesen,
was man tun
könnte.

Dezember

10

11

12

13

14

15

16

17

18

19

20

21 Dezember

22

23

24

25

26

27

28

29

30

31

Wie Mister Gott
sein kleiner Sohn
dann auf der Welt war,
sind die Menschen
gelaufen gekommen,
weil sie neugierig waren,
wie der aussieht.
Aber so besonders
haben sie ihn nicht gefunden,
weil sie doch gedacht haben,
der kommt
und bringt was Tolles mit
und alle werden reich
und müssen nicht mehr arbeiten.
Nur so'n paar,
die haben gemerkt,
daß jetzt doch alles anders ist,
aber daß man auch
was dafür tun muß...

Annas tägliche Zwiesprache mit dem lieben Gott
und ihre Erlebnisse mit Fynn

176 Seiten
Leinen

«Das ist ein himmlisches Buch,
das zufällig auf die Erde gefallen ist.» Die Welt

Briefe und «Notizien» von Anna
über Gott und den Lauf der Welt

120 Seiten
Leinen

«Anna kann man nur mit Saint-Exupérys
‹Der Kleine Prinz› vergleichen.» *FAZ*

Vierte Auflage 1991
*Copyright © 1990 an Textauswahl, Design und Illustrationen
beim Scherz Verlag, Bern • München • Wien
Alle Rechte der Verbreitung im In- und Ausland,
auch durch Funk, Fernsehen, fotomechanische Wiedergabe,
Tonträger jeder Art und auszugsweisen Nachdruck,
sind vorbehalten.*
*Die verwendeten Zitate wurden den Büchern
«Hallo, Mister Gott, hier spricht Anna» und
«Anna schreibt an Mister Gott» von Flynn entnommen.
Gestaltung und Fotos Gerhard Noltkämper*